きょうから体育(たいいく)が好(す)きになる！
なわとび／短距離走(たんきょりそう)

すずき出版

この本の使い方

この本には、取り上げた運動の正しい動きを示す「理想のフォーム」と、うまくできない子ができるようになるための「ヒミツの特訓」がのっているよ。「理想のフォーム」のページの「チェックポイント！」を見れば、君がどんな特訓をすればいいのかわかるようになっているよ。すでにその運動ができる子も「理想のフォーム」で確認してみよう。1→2→3→4→5の順に使おう。

★「理想のフォーム」のページ

1 「これができたらかんぺき！」という、正しい動きが書いてあるよ。このイラストのフォームをイメージしよう！

2 悪い例が書いてあるよ。うまくできない子は、どこが悪くてうまくいかないのか、おとなの人にチェックしてもらおう！

3 どのヒミツの特訓に進むかわかるよ。

理想のフォームを練習するとき、注意するところが書いてあるよ。
⚠は特に大切なポイントだよ。

おうちの人や学校の先生に必ず読んでもらおう。

★「ヒミツの特訓」のページ

4 チェックポイントで、どの特訓をしたらいいかわかったら、その番号の特訓をしよう！君に一番必要な練習方法がわかるよ！

5 1つの特訓にも、いくつかの練習方法があるよ。君に合った練習から始めよう！

おとなの人向け指導のポイント。

おうちの人や学校の先生に必ず読んでもらおう。

特訓をするときは、必ずおとなの人といっしょにしよう。この本の特訓をきちんとおぼえてからするか、必要なページのコピーを取って、近くにおいて見ながらするようにしよう。

この本を手にした君へ

下山真二

　自分は生まれつき運動オンチだから、運動ができるようにならないのだとあきらめてはいませんか。長い時間がんばって練習をしなくてはできるようにならないのだと思ってはいませんか。

　そんなことはありません。運動のできない子はいないのです。運動のコツを知るだけで、本当はすぐにできるようになります。

　この本には、いろいろな運動ができるようになるためのポイントが書いてあります。一気に上達できるような道具も紹介しています。説明をよく読み、イラストをよく見て、そのとおりにやってみてください。きっと、おどろくほどカンタンにできるようになるはずです。

　運動の苦手な子が一人でも少なくなってほしい、運動ができるようになりたいと願う子の夢をかなえてあげたい、それがわたしの願いです。

指導する方へ

コツさえわかれば どの子も運動できる！

　　とび箱は10分でとべるようになります。
　　さかあがりは1週間でできるようになります。
　　二重とびはとびなわを変えただけでできます。

　本書には、全国各地の教師が子どもたちと共に作り上げた指導方法が書かれています。より有効な方法ばかりです。数多くの実践を通して培ってきた指導方法ですから、必ず効果があります。誰でも教えられます。

　運動のポイントをはずした練習をいくらしても、時間のむだです。ポイントを押さえれば短期間でできるようになります。

　子どもたちが自分一人で練習できる方法もありますが、大人がそばでたえず励まし、小さなのびを見つけてほめてあげることが大切です。上達もはやくなります。

　また、子どもがまちがった方法や危険な行動などでけがをすることのないよう、常に近くで目を配ってください。

　各練習の「コーチのコツ」をよく読んで、アドバイスをしてあげてください。ここにはなぜこの練習が必要なのか説明してあります。練習の意味をよく理解して行うことが重要です。

　運動ができないことに悩んでいる子どもたち、苦しんでいる子どもたちが全国にたくさんいます。本書がこうした子どもたちの問題を少しでも解決し、運動する喜びや楽しさを子どもたちに伝える一助になることを心から願っています。

この本の使い方 …………………………………… 2
この本を手にした君へ …………………………… 3

PART 1 二重とび … 5

二重とび 理想のフォーム … 6

二重とびのヒミツの特訓 … 8

特訓①ロープを速く回す！
グリップの長いとびなわを作ろう！ … 8
身長に合った長さのロープにしよう！ … 9
ロープを高速回転させてみよう！ … 9

特訓②持ち方、姿勢を正しく！
グリップを正しくにぎろう！ … 10
正しい姿勢でとぼう！ … 10

特訓③リズムよくとぶ！
一重とびが確実にできるようになろう！ … 11
高速とびにちょうせん！ … 12

特訓④ロープをリズムよく回す！
手たたきジャンプをしよう！ … 13
グリップふりジャンプをやってみよう！ … 14
一重二重交互とびをやってみよう！ … 15
連続二重とびにちょうせん！ … 16

■指導する方へ「スーパーとびなわ」… 17

二重とび できたかな？ … 18
●スポーツおもしろコラム … 18

PART 2 長なわとび … 19

長なわとび 理想のフォーム … 20

長なわとびのヒミツの特訓 … 22

特訓①入るタイミングをつかむ！
ロープに入りやすい場所を確かめよう！ … 22
ゴーで入ろう！ … 22

特訓②走ってとぶ！
障害物をとぼう！ … 23
ロープを続けてとぼう！ … 24

特訓③出るタイミングをつかむ！
とんだらダッシュをしよう！ … 25
ロープの中を走りぬけよう！ … 25
入って、とんで、外に出てみよう！ … 26
★友だちと練習しよう！ … 27

長なわとび とべたかな？ … 28
●スポーツおもしろコラム … 28

PART 3 短距離走 … 29

短距離走 理想のフォーム … 30

短距離走のヒミツの特訓 … 32

特訓①スタートでとび出す！
前にのり出してかまえよう！ … 32
魔法のラインでスタートダッシュ！ … 32

特訓②足を速く動かす！
うでふりをしよう！ … 33
その場かけ足をしよう！ … 34

特訓③歩はばを広くして走る！
魔法のビーチサンダルで歩いてみよう！ … 35
もも上げスキップをしよう！ … 36
大また走りをしよう！ … 36

特訓④ゴール前で気をぬかない！
うそゴールをめざして走ろう！ … 37
ハンディー走で競走しよう！ … 37

短距離走 速くなったかな？ … 38
●スポーツおもしろコラム … 38

もっと知りたい人へ …………………………… 39

二重とび

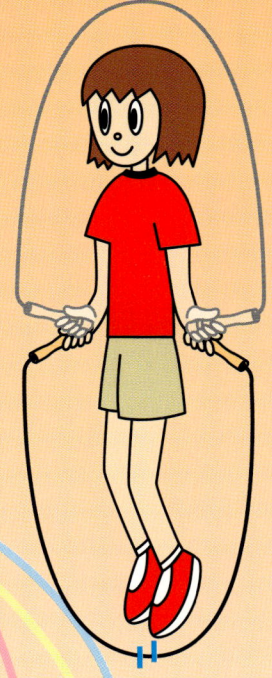

二重とびがどうしてもできなくて、
あきらめてはいないかな？
短期間でとべるようになる方法が
あるんだよ！
さあ、さっそく練習してみよう！
とべるようになったら、とっても
楽しいよ。

二重とび

二重とびをするためには、とびやすいとびなわを使って、ロープの回転を速くし、リズミカルにジャンプすることが大切だよ！

理想のフォーム

1
両足を横にそろえて立つ。とびなわのグリップ（持つところ）は、こしの位置にかまえる。

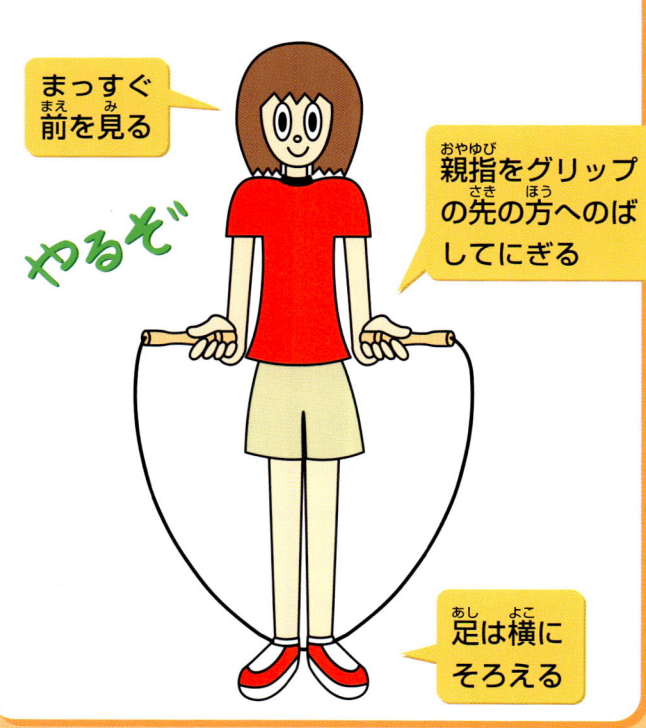

- まっすぐ前を見る
- 親指をグリップの先の方へのばしてにぎる
- 足は横にそろえる
- やるぞ

2
後ろから前にロープを回して２、３回一重とび（ふつうのとび方）をしてから、二重とびを始める。

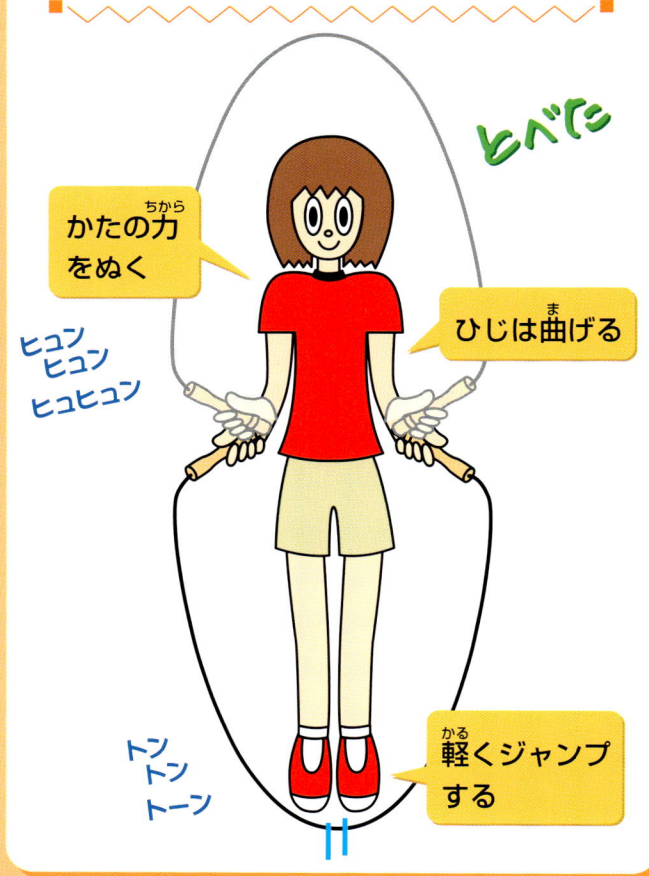

- かたの力をぬく
- ひじは曲げる
- 軽くジャンプする
- とべた
- ヒュンヒュンヒュヒュン
- トントントーン

チェックポイント！

二重とびのまちがったフォーム

✕ ロープの回転がおそい

とびなわに問題があるね。まず、いいとびなわを用意しよう。手首の使い方が悪いとロープが速く回らないよ。

→ ヒミツの特訓１へgo!!

✕ つかれやすく、長くとべない

背中を曲げたり、足を高く上げたりしているね。背中はまっすぐにして正しい姿勢でとぼう！

→ ヒミツの特訓２へgo!!

✕ 大きな音を立ててとんでいる

足のうら全体をつけてとんでいるね。ロープの動きに合わせて、リズムよくつま先でとぶようにしよう！

→ ヒミツの特訓３へgo!!

この本でのとびなわのよび方
先 / しり / グリップ / ロープ

どんなとびかたをしたの？
か、からまっちゃった〜

3

背中をまっすぐにして、一重とびよりも少しだけ高くとぶ。
「トーン、ヒュヒュン、トーン、ヒュヒュン」というリズムで、うでではなく手首を使ってロープを回してとぶ。少しでも長く連続して二重とびをする。

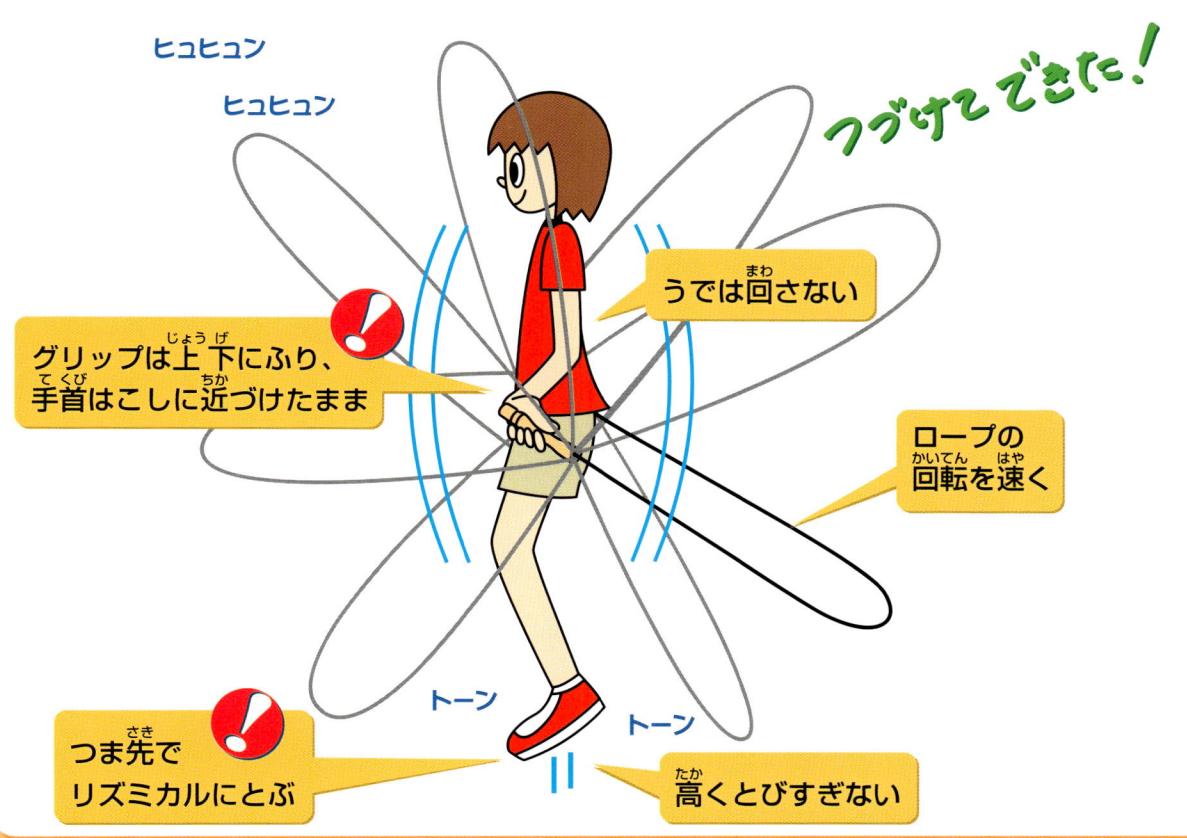

ヒュヒュン / ヒュヒュン / トーン / トーン

つづけてできた！

- うでは回さない
- グリップは上下にふり、手首はこしに近づけたまま
- ロープの回転を速く
- つま先でリズミカルにとぶ
- 高くとびすぎない

✕ すぐに引っかかってしまう

ロープの回転がジャンプと合っていないよ。手と足のテンポを合わせ、リズムよくとび続けるための練習をしよう！

➡ ヒミツの特訓4へgo!!

コーチのコツ

なわとびがうまくなるためには、まず、よいとびなわを使うことが大切です。二重とびには長いグリップのとびなわが適しています。手首の動きが効率よくロープに伝わり、ロープを高速に回転させることができます。今持っているとびなわを改良することもできます（8ページ参照）。次に大切なのは「リズム」です。二重とびは、「トーン、ヒュヒュン、トーン、ヒュヒュン」のリズムでとびます。

二重とびのヒミツの特訓

特訓1 ロープを速く回す！

グリップの長いとびなわを作ろう！

※グリップが短いとびなわを持っている人向けだよ。

1 君が持っているとびなわと、トイレットペーパーのしん2個とビニールテープ、はさみを用意しよう。しんのかわりに1辺の長さが15cmくらいの正方形の厚紙2枚でもいいよ。

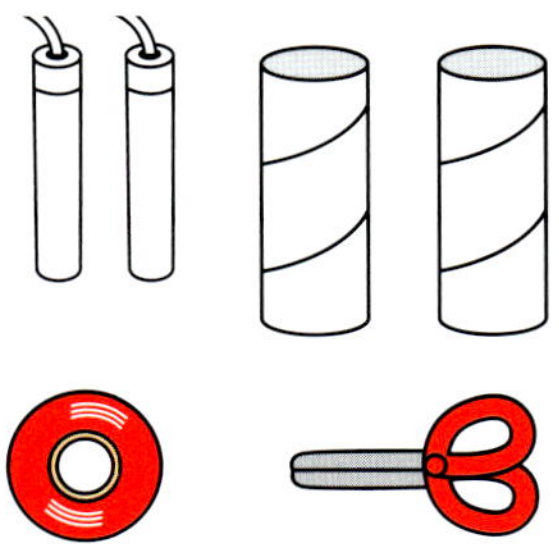

2 しんをたてに切ろう。厚紙の場合は丸めてつつにしよう。

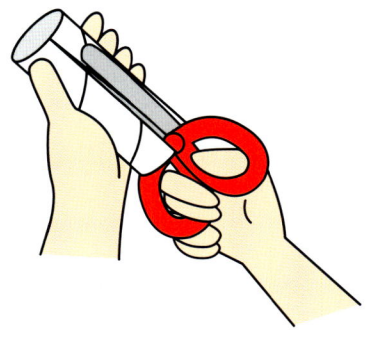

3 しん（厚紙）をとびなわのグリップのしりにかぶせて、はずれないようにビニールテープをしっかりまきつけよう。

> すきまをあけずにビニールテープをまく

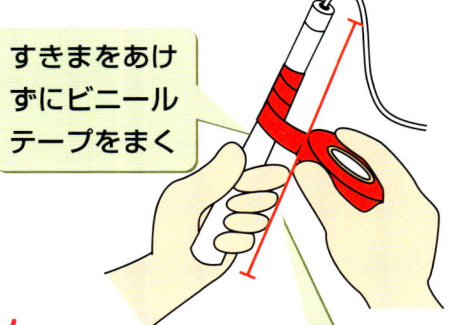

20cmくらいにする

4 しんのはしまでテープをまく。もう片方のグリップにも同じようにしんを取りつけよう。

> にぎってもぐらつかないように

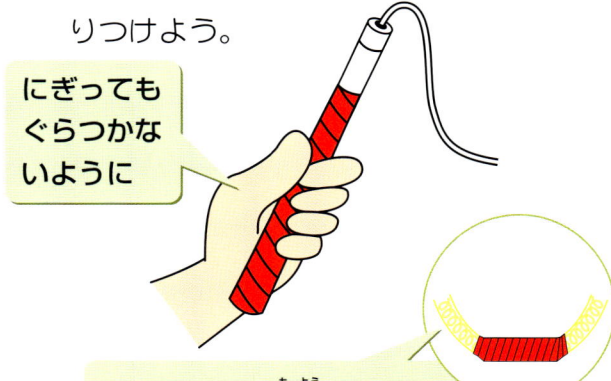

ロープにらせん模様があるとびなわは軽いので、ロープのまん中にたてに切ったトイレットペーパーのしんをまきつけてビニールテープでとめよう

コーチのコツ

ここでは市販のとびなわの短いグリップを改良して長くします。長いグリップにすると、ロープの回転が速くなるのです。とびやすいとびなわは、次のようなものです。

- 長くにぎりやすいグリップ
- 中がつまった細いビニールロープ
- なめらかに回転する接続部

市販されているとびなわは、らせん模様がなく1色だけの細目のロープを使っているものを選びます。これにグリップが長くなるような細工をすると理想のとびなわに近くなります。

身長に合った長さのロープにしよう！

ロープの長さを調節しよう。ロープが身長に合った長さになっていないと、うまくとべないよ。ロープのまん中を片足でふんで、グリップの先が、わきの下あたりにくるようにしよう。ちょうどいい長さがわかったら、ロープのはしについている金具の位置を変えて、余分なロープを切ってもらおう。

ロープをむりやり引っぱらない

 ロープの長さは大切です。長すぎても短すぎても引っかかる原因になります。身長に合った長さに調節してください。また、調節した後、ロープの端はきちんと切ってください。結んで中に押し込むと、ロープの回転が悪くなります。

ロープを高速回転させてみよう！

2つのグリップを片手で持って、ジャンプしないでロープを回そう。うでは動かさないで、手首だけを使って回そう。「ヒュン、ヒュン」という音が聞こえるようになったら、グリップの先を上下にふるような感じにしよう。これをもう片方の手でもやろう。両手とも同じくらい速く回せるようになったら合格だよ。

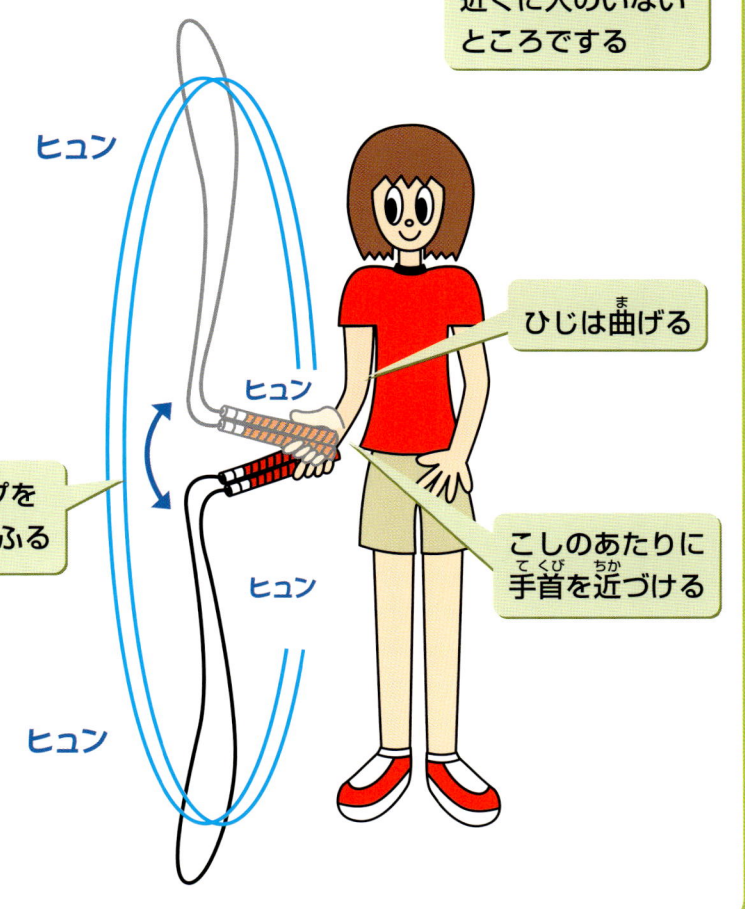

近くに人のいないところでする

ヒュン
ヒュン
ヒュン
ヒュン

ひじは曲げる
こしのあたりに手首を近づける
グリップを上下にふる

 手首の使い方の練習です。二重とびのときの速いロープの回転は、腕を回していてはできません。手首のすばやい動きが、長いグリップに伝わり、ロープが速く回るのです。グリップの先を上下にふることがポイントです。

特訓2 持ち方、姿勢を正しく!

グリップを正しくにぎろう!

グリップのはしをにぎって、親指はグリップの先の方へのばすようにしよう。

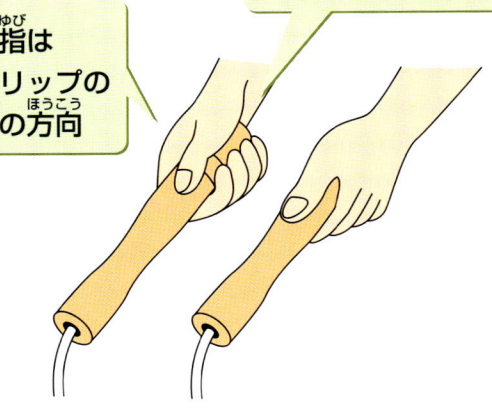

- 親指はグリップの先の方向
- グリップのしりがはみ出さないように

コーチのコツ: 鉄棒をつかむようにグリップをしっかりにぎると、手首がうまく使えなくなります。ロープは腕で回すのではなく、手首で回すので、手首が自由に動くようなグリップのにぎり方が大切です。

正しい姿勢でとぼう!

1 両足を横にそろえ、背中をまっすぐにして立とう。かかとをうかせてつま先で立とう。

2 グリップをにぎった手をこしに近づけて、手首だけを動かしてとぼう。

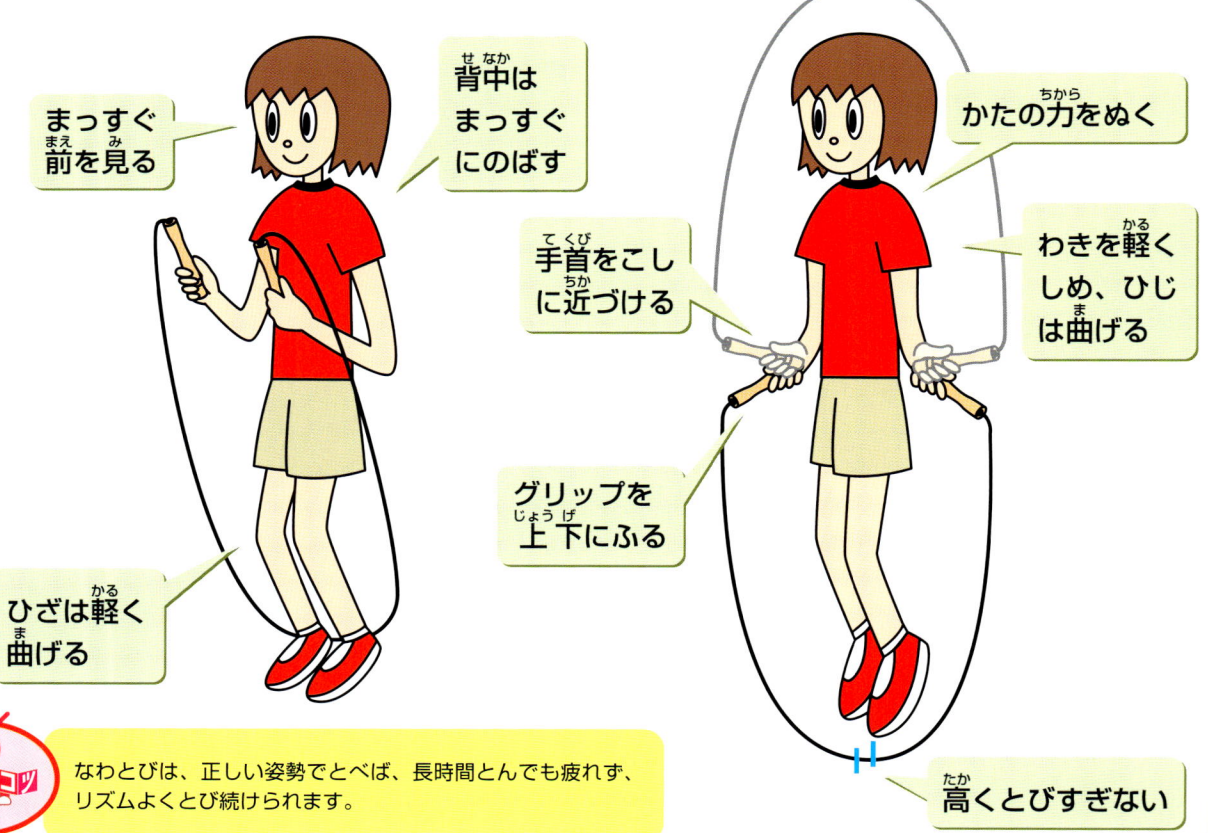

- まっすぐ前を見る
- 背中はまっすぐにのばす
- 手首をこしに近づける
- ひざは軽く曲げる
- かたの力をぬく
- わきを軽くしめ、ひじは曲げる
- グリップを上下にふる
- 高くとびすぎない

コーチのコツ: なわとびは、正しい姿勢でとべば、長時間とんでも疲れず、リズムよくとび続けられます。

特訓 3 リズムよくとぶ！

一重とびが確実にできるようになろう！

1 とびなわは持たないよ。全身の力をぬいて、その場で連続して軽くジャンプしてみよう。

2 次は、少し高くジャンプして空中にいる間に手を1回たたいてみよう。ジャンプに合わせてたたくんだよ。連続10回できたら合格だ。

3 今度は、とびなわを持って一重とびをしてみよう。連続30回とべたら合格だよ。

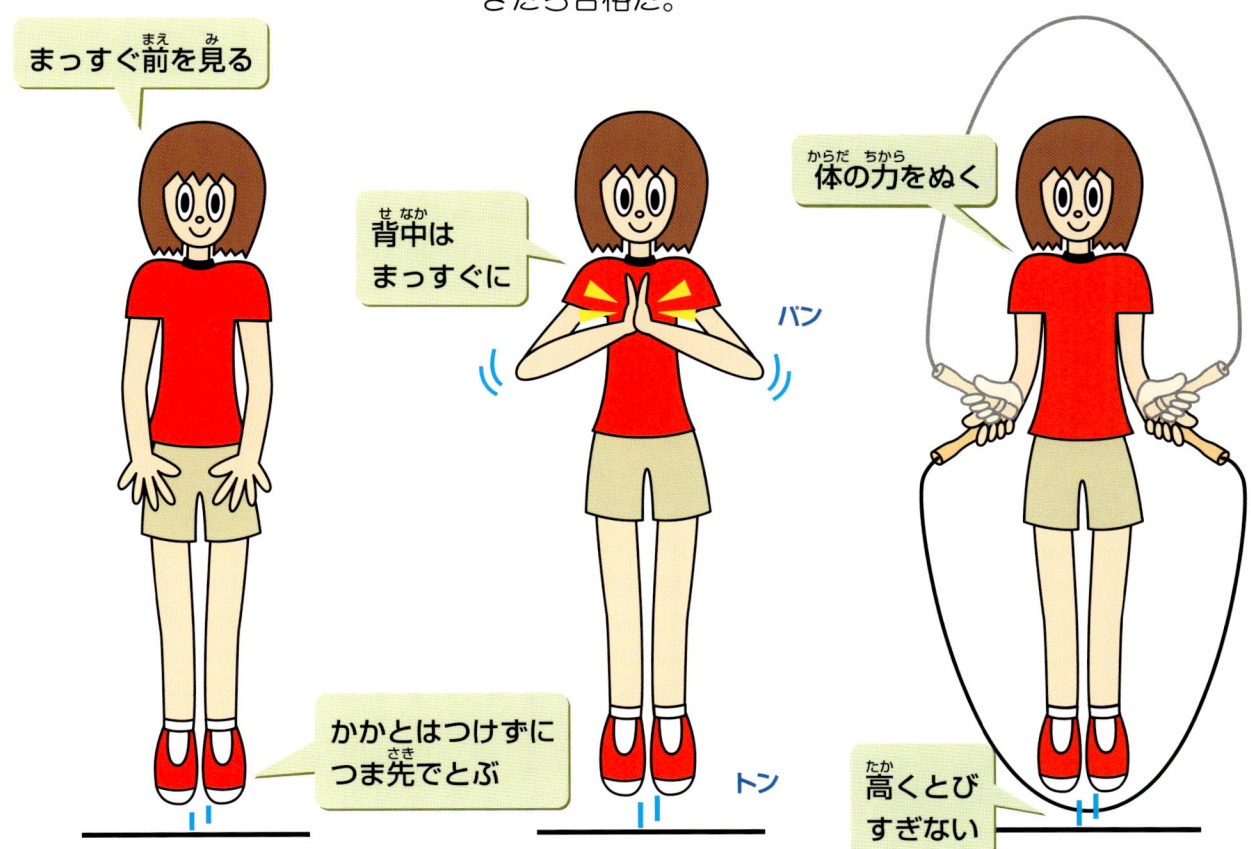

コーチのコツ

幼児から小学校低学年くらいの小さな子どもは、1回ロープを回す間に、2回ジャンプしてしまうことが多くあります。このとび方の子を、1回ロープを回す間に1回のジャンプに変えさせるのは、意外に難しいのです。まず、とびなわを持たずにジャンプさせて、リズムよく連続ジャンプができるようにしてください。つま先でトントンとリズムを取るようにジャンプさせるとよいでしょう。

特訓3 リズムよくとぶ！

高速とびにちょうせん！

一重とびを速くたくさん続けてみよう。なるべく低くとぶことが大切だよ。おとなの人に時間をはかりながらとんだ回数を数えてもらおう。30秒間に連続50回以上とべたら合格だ。これができたら二重とびはすぐにできるようになるよ。
次は、30秒間に連続70回以上にちょうせんしてみよう！

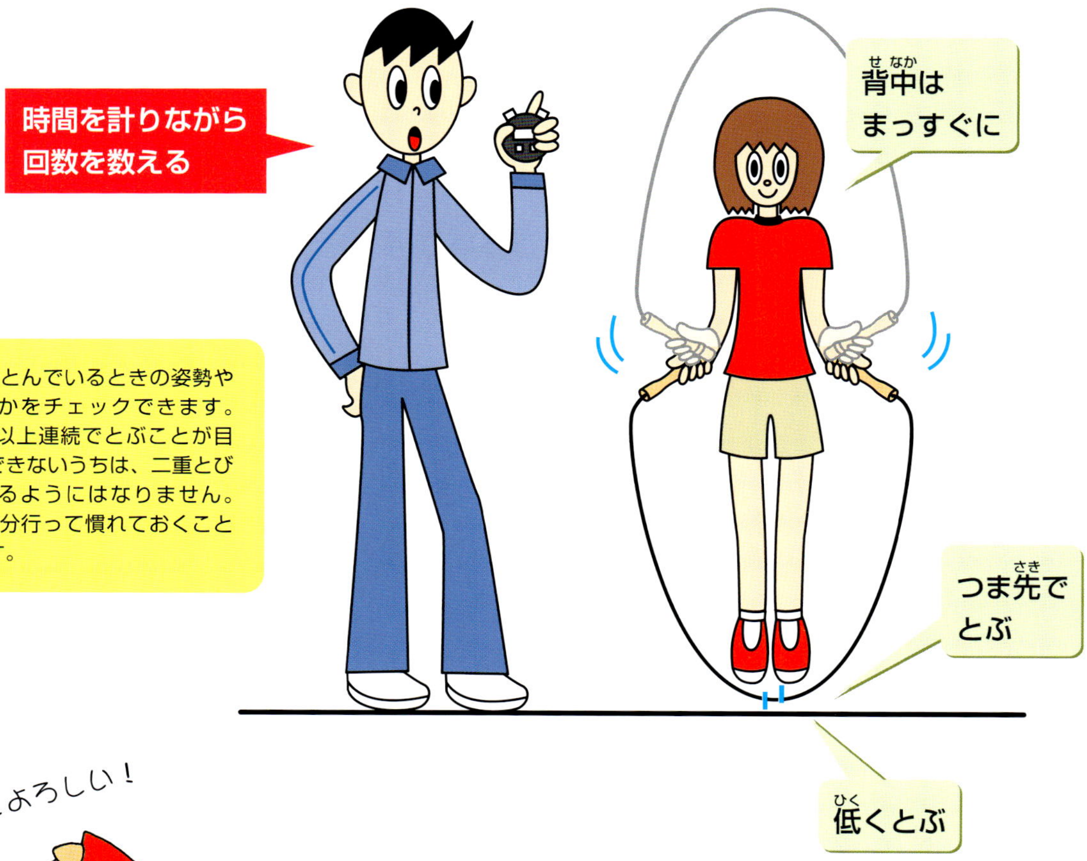

時間を計りながら回数を数える

背中はまっすぐに

つま先でとぶ

低くとぶ

コーチのコツ

「高速とび」で、とんでいるときの姿勢やリズムが正しいかをチェックできます。30秒間に50回以上連続でとぶことが目標です。これができないうちは、二重とびもなかなかできるようにはなりません。「高速とび」を十分行って慣れておくことが必要となります。

しっぽはまわさなくてよろしい！

ん？　ん？　ん？

特訓 4 ロープをリズムよく回す！

手たたきジャンプをしよう！

1 とびなわを持たずに、全身の力をぬいて、その場で軽くジャンプしてみよう。空中にいる間に手を2回たたいてみよう。1回のジャンプで2回たたくよ。
「トーン、パパン、トーン、パパン」というリズムで続けよう。連続10回できたら合格だ。

2 次は、空中にいる間にももの横を両手で2回たたいてみよう。「トーン、パパン、トーン、パパン」というリズムで続けよう。連続10回できたら合格だよ。

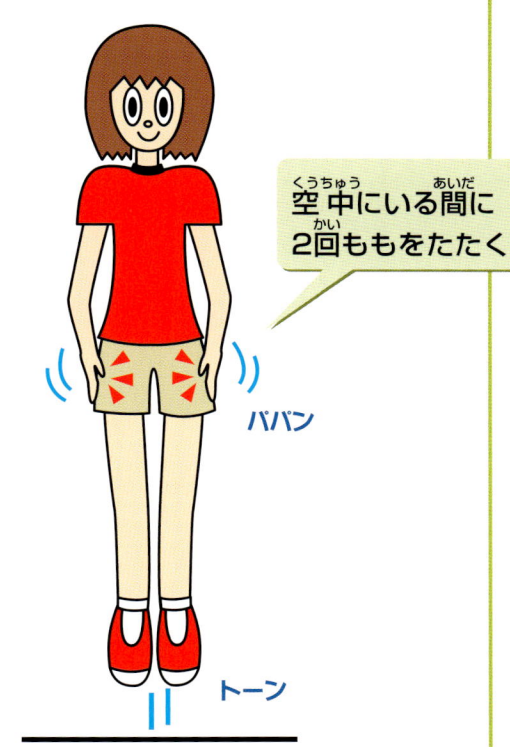

とびなわを持たないことがポイントです。ふつうのジャンプに手の動きを加えます。このように、違う動作を同時にすることを「協応動作」と言います。この協応動作ができないと、手と足の動きがバラバラになるため、二重とびができません。まず、ジャンプしながら手は別の動作をするという感覚を身につけさせてください。

特訓4 ロープをリズムよく回す！

グリップふりジャンプをやってみよう！

1 とびなわを持つけど、ロープは回さないよ。少し高くジャンプして空中にいる間に、グリップでももの横を2回たたいてみよう。連続20回できたら合格だ。

2 次は、ジャンプして空中にいる間に、グリップを2回、上下にふってみよう。連続20回できたら合格だよ。

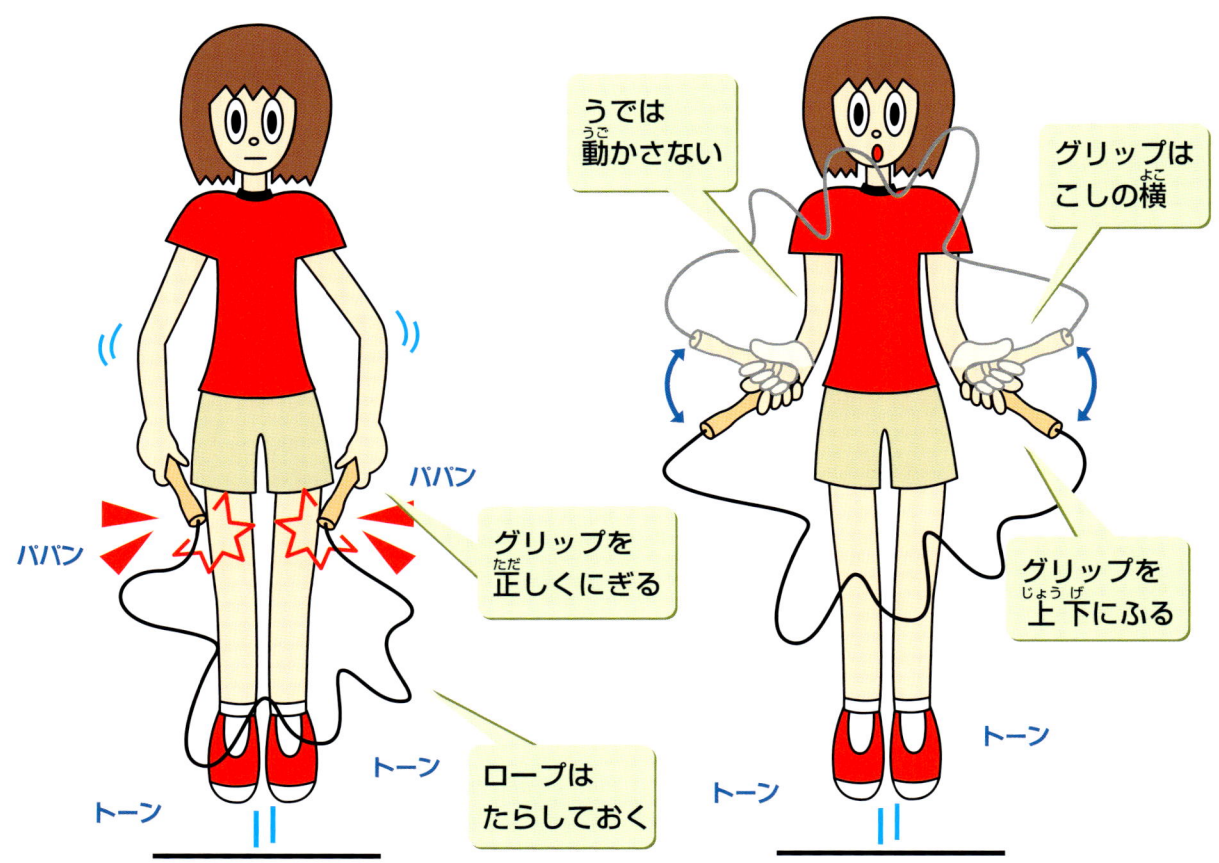

- グリップを正しくにぎる
- ロープはたらしておく
- うでは動かさない
- グリップはこしの横
- グリップを上下にふる

ほら、にじゅうとびしているようにみえない？

みえないって！

コーチのコツ

「手たたきジャンプ」からさらに二重とびの動きに近づけています。ここで注意することは、グリップのふり方です。二重とびでロープを回しているとき、グリップそのものは回しません。グリップの先を小刻みに上下にふります。長いグリップだとその動きが効率よくロープに伝わり、速く回ります。

一重二重交互とびをやってみよう！

1 一重とびから二重とびをしよう。「トン、トン、トン、トーン」というリズムで、4回目で少し高くジャンプしよう。おとなの人に、リズムを声に出して言ってもらってもいいよ。ロープは、「ヒュン、ヒュン、ヒュン、ヒュヒュン」となるように、4回目で2回転させてみよう。とべたら止まっていいよ。

2 次は、止まらず「トン、トン、トン、トーン」「トン、トン、トン、トーン」と続けてみよう。5回続けてできたら合格だよ。

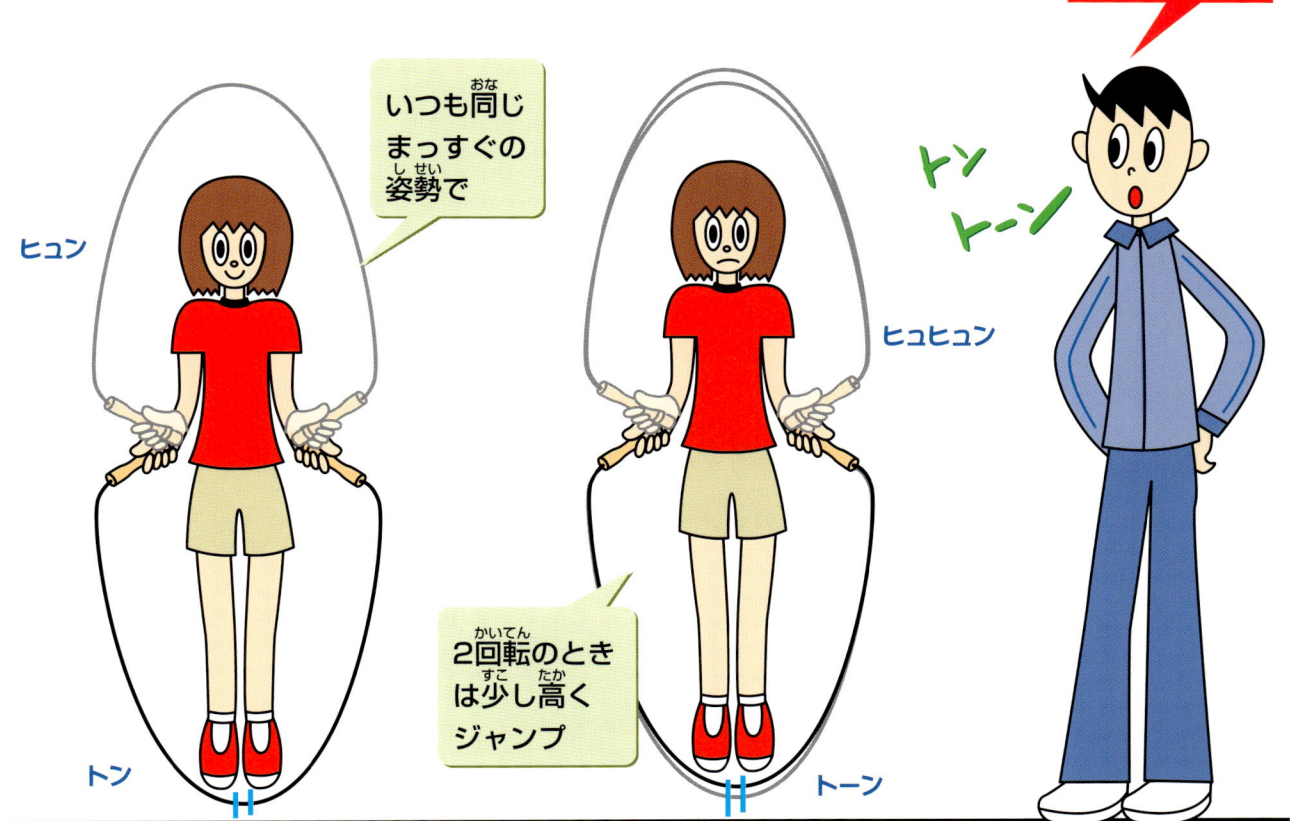

3 今度は、一重とびと二重とびを交互にしてみよう。ロープは「ヒュン、ヒュヒュン、ヒュン、ヒュヒュン」、足は「トン、トーン、トン、トーン」というリズムで続けてみよう。

「連続二重とび」をする前に、「一重二重交互とび」を練習しておくことが有効です。二重とびのタイミングがつかみやすくなり、「連続二重とび」が楽にできるようになります。

二重とびのヒミツの特訓

特訓4 ロープをリズムよく回す！

連続二重とびにちょうせん！

一重とびを2、3回してから二重とびを始めよう。
少し高いジャンプをリズムよく続け、「ヒュヒュン、ヒュヒュン」という音が連続して聞こえるように、グリップを上下に小さくふろう。二重とびが連続してできるようになったら、少しでも長く続けられるようにがんばろう。10回できたら合格だよ。
連続100回できるようになったら、三重とびにもちょうせんしてみよう。

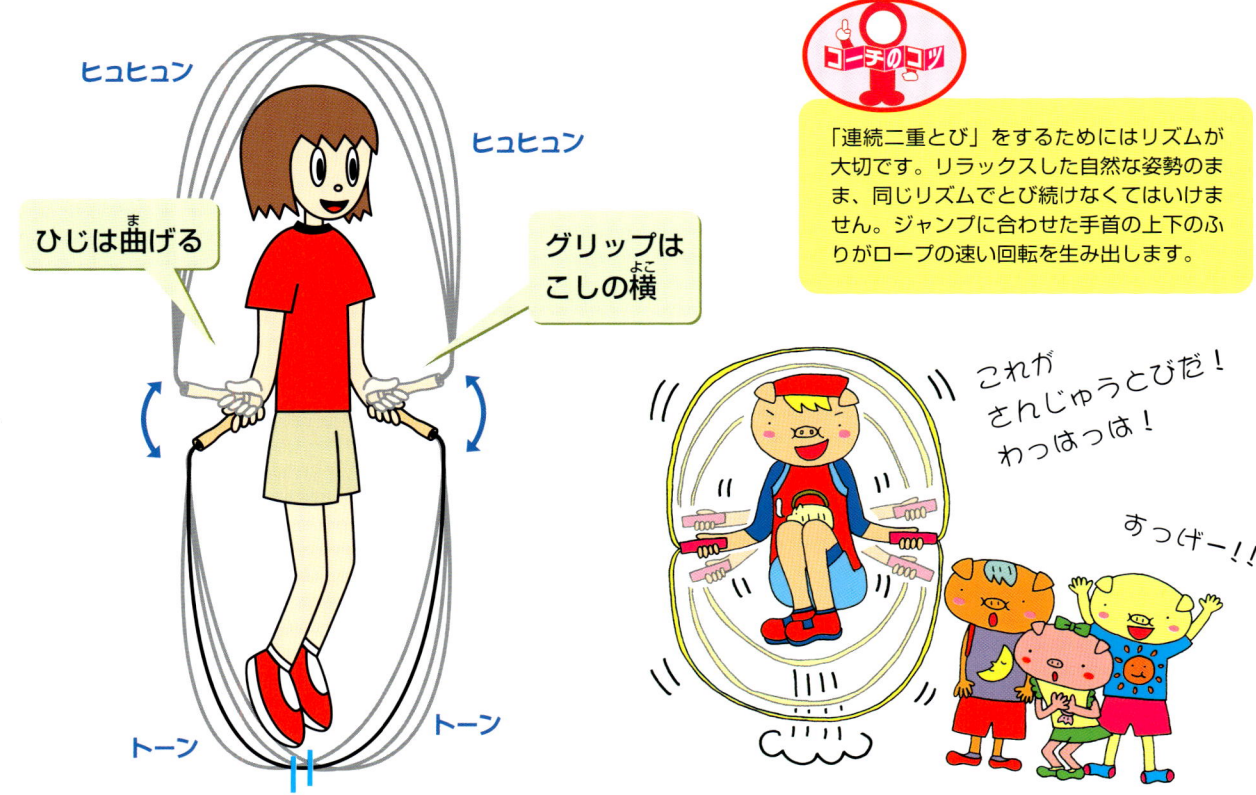

コーチのコツ

「連続二重とび」をするためにはリズムが大切です。リラックスした自然な姿勢のまま、同じリズムでとび続けなくてはいけません。ジャンプに合わせた手首の上下のふりがロープの速い回転を生み出します。

とびなわの保管方法

とびなわを使わないときは、ロープをのばした状態で保管するようにしよう。折りたたんでしばっていると、ロープにくせがついてしまって、とびにくくなってしまうんだ。保管するときは、ハンガーなどにかけて、つるしておくといいよ。

「スーパーとびなわ」

指導する方へ

二重とび上達の最大のコツは、よいとびなわを選ぶことです。理想のとびなわについて詳しく見てみましょう。

グリップの長さは、18〜21cmが最適です。この長さのグリップを使えば、手首の小さな動きが効率よくロープに伝わるので速く回すことができます。ただし、上級者や幼児には16cmくらいがよいようです。グリップの材質は、丈夫で手になじみやすいことから、木製か硬質プラスチック製のものがよいでしょう。

ロープは、中がつまった直径4mmのビニールロープが最適です。麻や綿のロープや、中空でらせん模様のビニールロープは、軽すぎるため、速く回すことができません。また、ロープの直径は4mmがよいでしょう。それ以上太くなると、重すぎて回しにくくなってしまいます。

ロープはグリップの接続部でなめらかに回転することが大切です。接続部にワッシャーが使用されているものがよいでしょう。ロープの長さを調節するときは、子どもの身長に合わせてロープの端を切り、付属の金具でとめ、グリップの中に収めます。ロープの端を結んでグリップに入れると回転が悪くなるので避けてください。

これらの条件を満たした理想のとびなわが、「スーパーとびなわ」です。

理想のとびなわの条件

- 長くにぎりやすいグリップ
- 中がつまった細いビニールロープ
- なめらかに回転する接続部

【スーパーとびなわの特長】

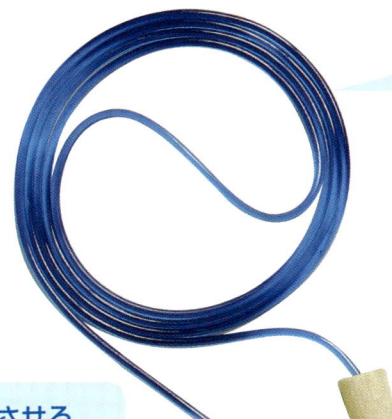

直径4mmの中がつまったビニールロープ

重さがあるため、高速で回転する。また、中空のビニールロープに比べ、切れにくいという利点もある。

中がつまったビニールロープ

中空のビニールロープ

なめらかにロープを回転させるワッシャー

グリップの接続部分にワッシャーを使用しているので、ロープがねじれることなく、なめらかに回転する。

ワッシャーととめ金は、グリップのしりから引き出す

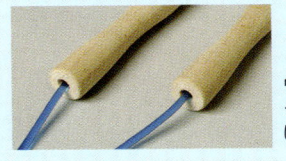

ワッシャーはグリップの中に収まる

長さ21cmの木製のグリップ

ロープに手首の動きが効率よく伝わる。また、「あやとび」や「はやぶさ」などの交差系の技も容易にできるようになる。

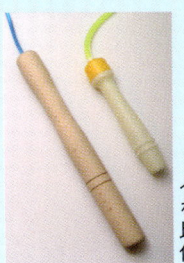

ふつうのとびなわのグリップと比べ、長さは2倍近くにもなる

※「スーパーとびなわ」のお問い合わせ先は39ページに掲載しています。

二重とびできたかな？

ポイントの復習

- いいとびなわを使う！
- グリップをこしの横で上下にふり、背中をのばす！
- ロープを速く回して、リズムよくとぶ！

二重とびのポイントをまとめるよ！

れんしゅうすればきっとできるよ！

がんばろうね！

スポーツおもしろコラム

二重とびびっくり記録

なわとびのいろいろな大会が全国各地で行われているよ。なわとびがさかんな埼玉県では、毎年なわとび選手権大会が開かれているんだ。1983年の第6回大会では、小学6年生の男の子が、二重とびを続けてなんと2367回もとんだ記録が残っているよ。また、三重とびのすごい記録も残っているよ。1985年の第8回大会では、小学6年生の男の子が、118回もとんだよ。

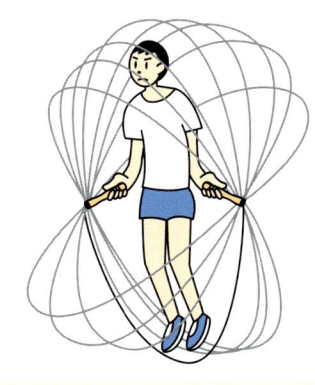

日本ロープスキッピング連盟／埼玉県なわとび協会資料より

PART 2 長なわとび

長なわとびを苦手だと思っている子はいないかな？
長なわとびが上手にできると、とても楽しいよ！ リズムをつかめば必ずできるようになるよ。
みんなでいっしょに長なわとびができるようにがんばろう！

長なわとび

長なわとびは、ロープの回転に合わせてタイミングよく中に入ることが大切だよ。ロープが地面にふれたら入ろう。

1
ロープが上から地面におりて回っている側に立つ。ロープを回している青い人の左わきに立つ。

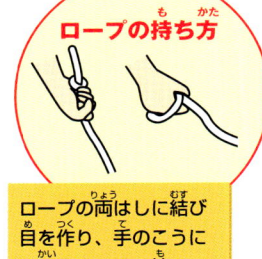

ロープの持ち方
ロープの両はしに結び目を作り、手のこうに1回まきつけて持つ

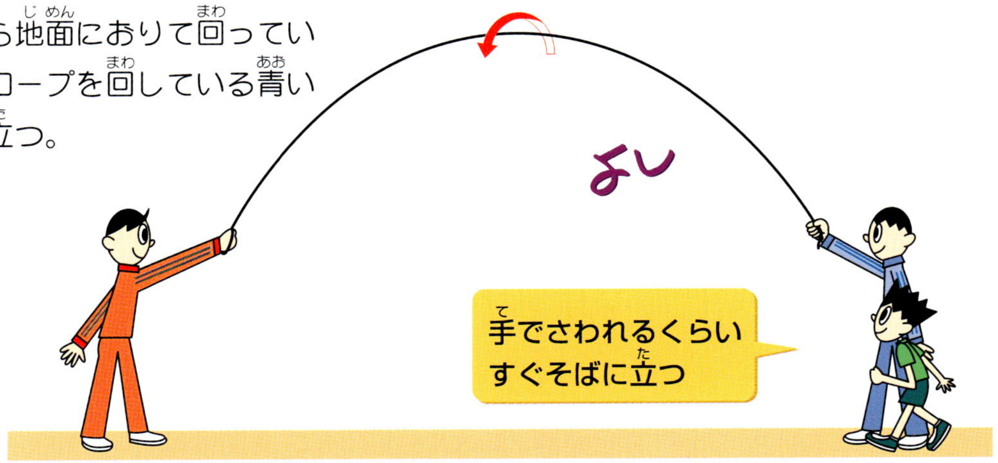

よし

手でさわれるくらいすぐそばに立つ

2
ロープの動きをよく見て、ロープが地面にふれたらロープを追いかけるように中に入る。

いまだ！

⚠ ロープが地面にふれたら中に入る

チェックポイント！

長なわとびのまちがったフォーム

✗ タイミングよく入れない

ロープに入る位置がよくないね。回す人のそばに立って、ロープの動きに合わせて入るようにしよう！

➡ ヒミツの特訓1へgo!!

✗ ロープをとびこせない

ロープ全体の動きを見ていないね。地面にロープがふれるのと同時にジャンプしよう！

➡ ヒミツの特訓2へgo!!

✗ うまく出られない

出る方向がまちがっているね。ロープをとんだら、すぐにななめに走りぬけよう！

➡ ヒミツの特訓3へgo!!

3 ロープを回す二人のちょうどまん中あたりで、赤い人に体を向ける。ロープが1回転して、足もとにきたらその場でジャンプする。

ロープ全体の動きを見る

4 とび終わったらすぐに、赤い人の左わきをめざして、ロープから走り出る。

ロープに追いつかれないように出る

ロープをよくみて
ビュンビュン
はやすぎてはいれないよ！

長なわとびのロープの回し方

二人のタイミングを合わせて、うでだけでなくひざも使ってゆっくり大きく回そう。

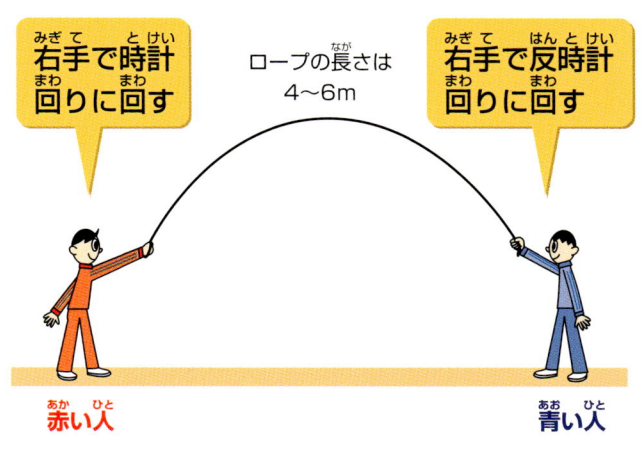

右手で時計回りに回す
ロープの長さは4〜6m
右手で反時計回りに回す

赤い人　　青い人

この本では、回し方と回す人のよび方をこのように決めます。

コーチのコツ

長なわとびでは、入るタイミングを身につけることが最も大切です。慣れるまで意外と難しいものですが、ロープが地面にふれて、向こう側に行くときに、ついて行くように指導してみてください。また、ロープの方向に対して斜めに走らせることも大切なポイントです。

# 長なわとびのヒミツの特訓

特訓1 入るタイミングをつかむ！

ロープに入りやすい場所を確かめよう！

ロープに当たらないところで、一番入りやすいところはどこだろう？ それは、ロープを回している人のそばだね。そこが、ロープに入る場所だ。ロープを回している人のそばは、回るスピードがおそいから入りやすいんだ。

コーチのコツ
ロープの中に入るためには、どこから入るかが大切です。なかなか入れない子の多くは、回っているロープの中央から入ろうとしています。しかし中央は、ロープの回るスピードが速く、恐怖を感じやすい場所です。どこが一番入りやすいかを子どもに考えさせてみましょう。

青い人の左わきに手でさわれるくらい近づいて立つ

ゴーで入ろう！

1 ロープが上から下に回りながら、地面にふれて向こうに行く様子をよく見よう。ロープが地面にふれるのと同時に数を数えてみよう。

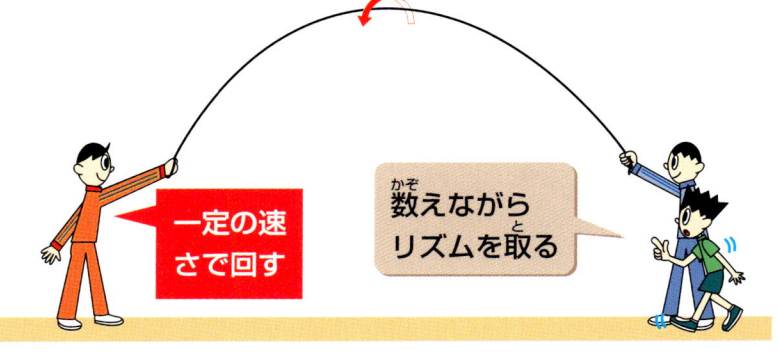
一定の速さで回す / 数えながらリズムを取る

2 数字を言いながら、「イーチ、ニーイ、サーン、シーイ、ゴー」の「ゴー」で出るよ。ロープを追いかけるように中に入ろう。

入れたらとばなくてもよい / 赤い人の方向に走る

**コーチのコツ**
慣れるまでは、ロープに入るタイミングがたいへん難しいものに感じられます。ロープにぶつかるという恐怖感が出てくるためです。そこで、ロープの回る数を数えるなど、入るきっかけを作るようにします。背中を軽く押して、入るタイミングを知らせてあげるとよいでしょう。

特訓2 走ってとぶ！

障害物をとぼう！

1 青い人の左わきから、赤い人の左わきに向かって、ラインを引こう。これがロープをとぶときに通るコースだよ。このラインのまん中に小さめのダンボール箱を置こう。ダンボール箱のかわりに目印になるものなら何でもいいよ。

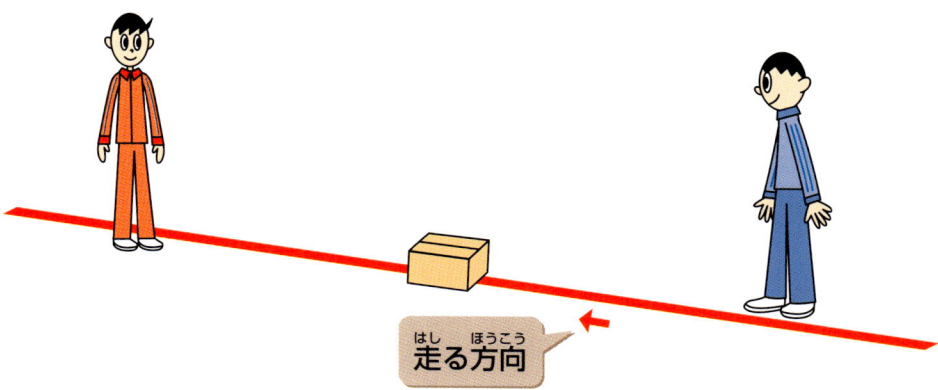

2 ラインの上を走りながら、ダンボール箱をとびこえてみよう。ロープは回さないよ。

コーチのコツ

回っているロープをとびながら走り抜けるという動きには、「とぶ」と「走る」という2つの動作が含まれています。大人にとっては簡単な動きでも、子どもにとっては難しい場合があります。走りながらとぶという動きを体験させてください。

特訓2 走ってとぶ！

ロープを続けてとぼう！

1 ロープのまん中あたりで、赤い人に向かって立とう。そのままロープを回してもらって、その場でロープをとんでみよう。10回連続してとべたら合格だ。

ロープの動きをよく見る

ロープが地面にふれたらジャンプ

2 次は、回っているロープの外から入り、ロープをとんでみよう。赤い人の方を向いて連続してとぼう。10回連続してとべたら合格だよ。

ロープのまん中あたりでとぶ

はやくかわってよ～！

たのしい～♪

コーチのコツ

他人が回すロープをとぶのは、自分でロープを回すのと違った難しさがあります。ロープの回転を見ながら、そのタイミングに自分のジャンプを合わせなくてはならないからです。通常、何回か経験すれば、すぐにとぶコツをつかむことができるはずです。

特訓 3 出るタイミングをつかむ！

とんだらダッシュをしよう！

1 ロープのまん中あたりで、赤い人に向かって立とう。ロープが回り始めると同時に外に出てみよう。回ってくるロープに追いつかれないようにダッシュしよう。

2 次は、ロープを回してもらってとぼう。とび終わったら、すぐにロープに追いつかれないようにダッシュしよう。

ロープが回り始めると同時にダッシュ

とんだらすぐダッシュ

ロープに入るときのように、ロープから出るときにも、タイミングを合わせる難しさがあります。ロープをとんだらすぐに動き始めるのがコツです。

ロープの中を走りぬけよう！

ロープをとばないで、回っているロープの中を走りぬけてみよう。ロープが地面にふれたらロープを追いかけるように入っていこう。とばずにそのまま一気に走りぬけよう。

ロープが地面にふれたらスタート

ロープを見ずに走りぬける

とぶという動作を行わないで、ロープの回転にタイミングを合わせる練習です。入るタイミングを身につける練習にもなりますが、慣れるまでは意外と難しいでしょう。ロープに追いつかれないように、すばやく走り抜けさせてください。

長なわとびのヒミツの特訓

特訓3 出るタイミングをつかむ！

入って、とんで、外に出てみよう！

1 青い人の左わきに立って、ロープが地面にふれたら、ロープを追いかけるように入っていこう。

2 ロープのまん中あたりで、赤い人と向かいあおう。回ってきたロープが地面にふれたらジャンプしよう。

3 ロープをとんだらすぐに、赤い人の左わきをめざして走りぬけよう。

 コーチのコツ

入って、とんで、出る、という3つの動作を続けてスムーズに行うための練習です。繰り返し何回も練習すれば必ずできるようになります。子どもがリズムをつかみやすいように一定の速さでロープを回しましょう。慣れてきたら、ロープの回転を少しずつ速くし、どんな速度でもできるようにしましょう。

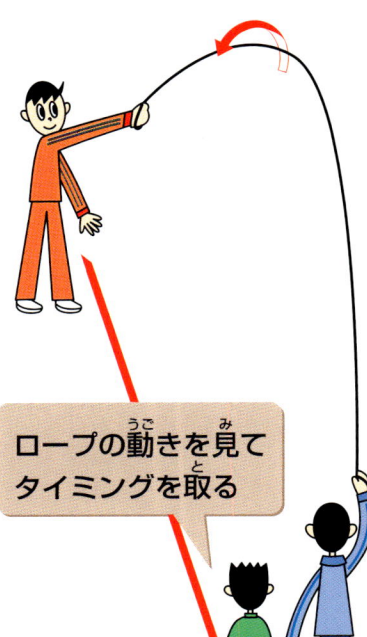

ロープの動きを見てタイミングを取る

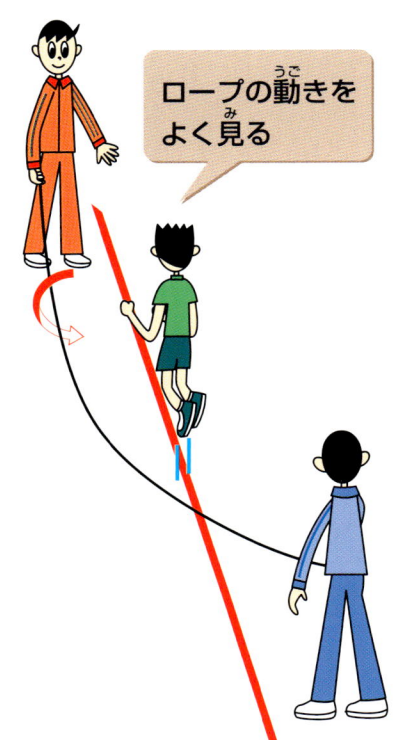

ロープの動きをよく見る

後ろはふり返らない

うわっっっ!!
ドーン！

コーチにむかってはしれ！

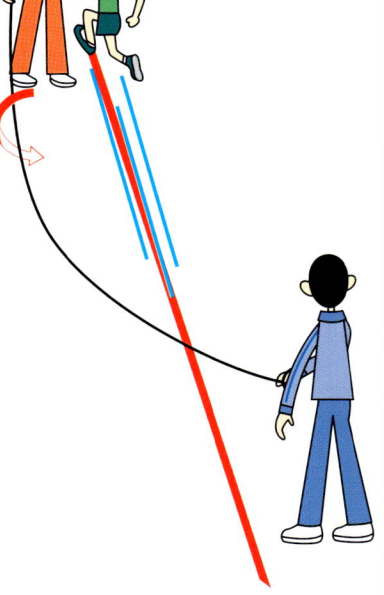

8の字で回ろう！

友だちといっしょに長なわとびをしてみよう。8の字で回ると楽しいよ。
必ずロープが1回転したら一人とぶようにして続けよう。
もしだれかが引っかかっても責めたりしないで、楽しくやろう。

❶ ロープを回す二人のまわりに、8の字ラインを引いて、その上をみんなで走ってみよう。

❷ 青い人の左に1列にならぼう。前の人にくっつくくらい近くに立つよ。

❸ 前の人がとんだら、すぐに次の人が入ろう。ラインの上を走って入り、とんで出るよ。

前の人がとんだ場所に行く

赤い人の右わきにならぶ

❹ ロープから出たら赤い人の右にならぼう。全員1回とび終わったら、また先頭の人からとぼう。右から入るのは少しむずかしいからがんばろう。

❺ これをくり返そう。何回連続でとべるかみんなでちょうせんしてみよう。

長なわとび とべたかな？

ポイントの復習

- 回す人のすぐそばからロープに入って、ななめに走ろう！
- ロープを追いかけるようにして中に入ろう！
- ロープが地面にふれるのと同時にジャンプしよう！

長なわとびのポイントをまとめるよ！

なんにんはいって、いっしょにとべるか、やってみようー！

こんなあそびもたのしいよー！！

スポーツおもしろコラム

長なわとびの大記録

長なわとびには「5分間とび」という競技があるよ。この競技は、10〜25人のチームで一人ずつ長なわをとび、5分間で何人とべるかを競うんだ。2005年に行われた第29回埼玉県なわとび選手権大会では、小学6年生のチームが778人という記録を達成したよ。なんと、1分間で150人以上もとんでいることになるね。
君たちも5分間とびで新記録にちょうせんしてみよう。

日本ロープスキッピング連盟／埼玉県なわとび協会資料より

短距離走

どうやったら速く走れるのかわからないという子はいるかな？
速く走るためのコツがあるんだよ。
特訓でそのコツをつかめば、今より必ず速く走ることができるようになるよ。
さあ、特訓を始めよう！

短距離走

短距離走で速く走るには、足をすばやく動かし、強く地面をけって歩はばが広くなるようにすることが大切だよ！

理想のフォーム

1 利き足（ボールをける足）のつま先を、スタートラインにつくように置く。もう片方の足はかたはばより少し広く後ろに引いてかまえる。両ひざを曲げて体を前にたおし、体重を利き足にかける。

- 後ろの足が前に出そうになるくらい体を前にのり出す
- ヨーイ
- 1m前の地面を見る

2 スタートの合図の音と同時に利き足で地面をける。スタートダッシュは、最初の1歩の歩はばを短くし、2歩目、3歩目とだんだん歩はばを広くする。低い姿勢から少しずつ体を起こしていく。

- 低い姿勢のまま
- スタート！
- 地面を見たまま

チェックポイント！ 短距離走のまちがったフォーム

✗ スタートがおくれる
スタートのかまえ方やスタートダッシュのしかたがよくないよ。短距離走はスタートが大切だよ。

➡ ヒミツの特訓1へgo!!

✗ もたもたした走り方になる
足の回転がおそいね。足の動きを速くするためには、うでを強くまっすぐふるようにしよう！

➡ ヒミツの特訓2へgo!!

✗ 足を速く動かしているのにおそい
歩はばがせまいね。うでを大きくふり、つま先で強く地面をけって進むようにしよう！

➡ ヒミツの特訓3へgo!!

3 かかとはつけないでつま先でしっかりと地面をけり、歩はばが広くなるように走る。うではひじを曲げて、体の横をこするようにすばやく大きくふる。

- うでは前後に大きくふる
- あごを引く
- つま先でしっかりと地面をける
- 広い歩はばで

4 スピードをゆるめずにゴールラインを走りぬける。5〜10m先にゴールがあると思って走ること。

- いっしょに走っている人のことは気にしない
- ゴールラインをこえても走り続ける

✕ ゴールの手前でぬかれる

ゴールラインの手前で気をぬいてはいけないよ。最後まで全力で走りぬけよう。
➡ ヒミツの特訓4へgo!!

 **コーチのコツ**

走るときはたくさんの筋肉を同時に使っています。走ることはあらゆる運動の基本なのです。走る速さは「歩幅」×「足の回転」という式で求められます。この2つの要素をのばすことが、速く走ることにつながるのです。

短距離走のヒミツの特訓

特訓1 スタートでとび出す！

前にのり出してかまえよう！

> ひざを曲げて体を前に傾けてかまえるのがコツです。こぶしに力を入れると全身にも力が入ってすばやく走り出せなくなるので、手の力をゆるめて、リラックスした状態にさせましょう。

1 まず利き足を見つけよう。サッカーボールをける方の足だよ。利き足がわからない人は、両足をそろえて立って、体を前にたおしてみよう。自然に先に前に出た足が利き足だよ。

2 利き足のつま先をスタートラインにつけるように置こう。もう片方の足は、かたはばより少し広く後ろに引いてかまえよう。体を前にたおし、体重を利き足にかけ、利き足の先を反対側の手でさわるか、両うでの力をぬいて下にたらすようにしよう。

利き足

- 足が出そうになるくらい体を前に
- 1m先の地面を見る
- ひざを曲げる
- こぶしはにぎらない

魔法のラインでスタートダッシュ！

1 まず、絵のように3本の魔法のラインを引いてみよう。

2 スタートの合図で、3本のラインを順につま先でふみながら走り出そう。最初の1歩はせまく、だんだん歩はばを広くして、体を起こしていくよ。何度も練習して、ラインがなくても同じようにスタートダッシュができるようになろう。

> スタートの合図は「ヨーイ」から2拍おいて鳴らすのが基本です。遅い子は、合図が鳴ってから腰をさげ、走る動作になっています。合図と同時に動けるようにタイミングを覚えさせます。また、スタートのときに、3本の「魔法のライン」をふみながら走れば、低い重心のまま、すばやいスタートダッシュをすることができます。

「ヨーイ、1、2、3」の「3」でスタートする

スタートライン　1本目のライン　2本目のライン　3本目のライン
くつ1.5個分　くつ3個分　くつ5個分

短距離走のヒミツの特訓

特訓 2 足を速く動かす！

うでふりをしよう！

1 足を前後に開こう。こぶしはにぎらずに、ひじを直角に曲げよう。おとなの人に後ろに立ってもらおう。

2 左右のうでを、走っているときのように交互にふろう。後ろに立っている人の手のひらにひじを当てるようにうでを前後に大きくふろう。おもいきり速く動かし、10秒間全力でうでふりをしてみよう。

3 次は、おとなの人に後ろに立ってもらい、「前へならえ」をしてもらおう。後ろの人の両手の間で当たらないようにうでふりをしよう。10秒間全力で、おもいきり速くうでをふってみよう。

腕のふりと足の回転には関連があります。腕を速くふると足も速く動きます。わきが開いて腕のふりが横になると、体がぶれてしまって走りが遅くなります。腕を前後に大きく動かすことが大切なポイントです。こぶしをにぎらないのは、余計な力を入れないためですが、やりにくければ軽くにぎってもかまいません。

手のひらを背中に向けて、ひじが軽く当たる位置にかまえる

少し前に体をたおす

ひじの角度は直角

うではわきをしめ、体の横をこするように

子どもの肩幅より少し広く両腕をのばす

うではわきをしめ、体の横をこするように

特訓2 足を速く動かす！

その場かけ足をしよう！

1 足をかたはばに開いて立とう。かかとでおしりをけるように、足を後ろにすばやくけり上げよう。連続20回を3セットやってみよう。

2 次は、その場でかけ足をしてみよう。ももを高く上げなくてもいいよ。できるだけ速く足を動かそう。連続20回を3セットやってみよう。

- 体を少し前にたおす
- かかとでおしりをけるように
- かかとはつけない
- 体を少し前にたおす
- うでは速くふる
- かかとはつけない

足の回転を速くする練習です。足の回転が遅い子は、けった足を前に出すときに、ひざを曲げてかかとを持ち上げないで走っている場合が多いのです。速く走るためには、かかとをおしりに引きつけるようにしてすばやく前にふり出す動きが必要です。全速力の「その場かけ足」は、手足を速く動かす感覚を身につけさせることができます。

そのばかけあしきょうそうをしよう！
ヨーイドン！
ドドドドドッ

短距離走のヒミツの特訓

特訓3 歩はばを広くして走る!

魔法のビーチサンダルで歩いてみよう!

1 いらなくなったビーチサンダルを用意しよう。ビーチサンダルのかかとを乗せる部分を切り取ろう。これで魔法のビーチサンダルの完成だよ。

切り取る

2 このビーチサンダルをはいて歩き回ってみよう。かかとの部分がないので、いつもつま先（足の指のつけね）で歩かなくてはいけないね。これが、速く走れるようになるコツなんだ。

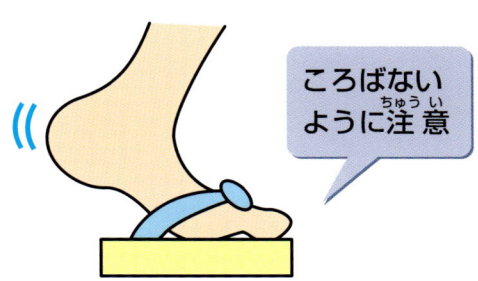

ころばないように注意

3 次は、このビーチサンダルをはいたままひざを高く上げながら、歩いてみよう。つま先歩きになれたら、運動ぐつをはいて同じように歩いてみよう。

コーチのコツ

速く走るときには、かかとをつけたり、足の裏全体をつけたりしてはいけません。足の指のつけね部分でしっかりと地面をけって、前方へ大きく進むようにします。加工したビーチサンダルは意識しなくてもかかとをつけずに歩く練習をするためのものです。

つまさきあるきよ、ウフフ

トウシューズはいらん！

特訓3 歩はばを広くして走る！

もも上げスキップをしよう！

1 つま先だけ地面につくようにして、軽くスキップで前に進んでみよう。手も足に合わせて軽くふろう。

2 次は、ももを高く上げながら、大きなスキップをしてみよう。手もおもいきり大きく前後にふろう。

- まっすぐ前を見る
- 全身の力をぬく

コーチのコツ：「もも上げスキップ」の動きの中で、つま先を使ってしっかりと地面をける感覚をつかむことができます。歩幅も大きくしてのびのびと行うと気持ちよく進むことができます。腕もスキップを助けるように大きくふります。

大また走りをしよう！

1 片足を大きく前にふみ出して、後ろ足がのびきるくらい大きく足を開こう。これをくり返して歩こう。

2 次は、大またで走ろう。うでを大きくふりながら、足で地面を強くけって、大きく前に進もう。

- 1歩ごとに一度のび上がってから体を低くする
- 低い姿勢のまま
- 歩はばはできるだけ広く

コーチのコツ：歩幅を広くする練習です。腰を上下に反動をつけて動かし、股関節がしっかりと開くようにします。強く地面をけることを意識させてください。

短距離走のヒミツの特訓

特訓4 ゴール前で気をぬかない！

うそゴールをめざして走ろう！

1. 本当のゴールより5〜10m先にうそゴールを引こう。

2. うそゴールをめざして走ろう。本当のゴールを走りぬけても、うそゴールにつくまではスピードをゆるめてはいけないよ。

コーチのコツ

多くの子がゴールの手前でスピードを落としてしまいます。そのため、最後に順位が入れ替わることが多いのです。ゴールラインの前でスピードを落とさないように言ってもなかなかできませんが、仮のゴールを設定して、そこに向かって走るようにするとうまくいきます。運動会などのときには、ゴールラインの先にあるラインなどを目印にさせるとよいでしょう。

ハンディー走で競走しよう！

1. おとなの人とスタートラインにならんで、スタートの合図で走り始めよう。他の人に8秒後（せまい場所では5秒後）に笛をふいてもらって止まろう。その場所にそれぞれラインを引こう。

2. ラインを引いた場所がハンディー走のスタート位置だよ。その場所から最初のスタートラインに向かって競走をしよう。最後まで気をぬかずにゴールを走りぬけよう。

スタートの合図の後、8秒後に笛をふく

スタートライン　8秒後の地点　8秒後の地点

ゴールライン　スタートライン　スタートライン

コーチのコツ

「ハンディー走」をすると、正確な距離のハンディーが与えられるので、大人と子どもでも全力で競走することができます。ゴールラインに同時に到達するはずですから、少しでも気を抜いた方が負けてしまいます。

短距離走 速くなったかな？

ポイントの復習

- うでを大きく速くふって、足は地面を強くけろう！
- 歩はばを大きくして走ろう！
- ゴール手前でも気をぬかない！

短距離走のポイントをまとめるよ！

はやくなったね！

みんなもがんばろう！

スポーツおもしろコラム

スタートはかまえ方が大切！

1896年のオリンピック第一回アテネ大会（ギリシャ）では、短距離走の選手たちのスタートのかまえ方は、みんなバラバラだったんだ。両手をスタートラインにつけて、片足を後ろに引く「クラウチング・スタート」というかまえ方をしたのは、トーマス・バーク選手（アメリカ）だけだったんだ。このかまえ方は、おもいきりスタートダッシュができるので、バーク選手は100mと400mの2種目で金メダルを取ったんだよ。

■もっと知りたい人へ

他の練習方法などを知りたい人は、調べてみよう。

『ヒカルくんのスポーツのコツ絵事典』
（田中光／監修　PHP研究所）

『ドラえもんの体育おもしろ攻略　マット、ボール、なわとび』
（立木正／指導　小学館）

『苦手な運動が好きになるスポーツのコツ②陸上』
（木下光正・清水由／著　ゆまに書房）

『足を速くするにはコツがある－わが子の運動能力が育つ本』
（水口高志／監修　保健同人社）

『楽しいなわとび遊び』
（太田昌秀／著　ベースボール・マガジン社）

『みんなであそぼう校内あそび3　なわとび・ゴムとび』
（嶋野道弘／監修　ポプラ社）

『アッというまにさかあがりができたよ』
（下山真二／著　河出書房新社）

『小学校の「苦手な体育」を1週間で攻略する本』
（向山洋一／編　下山真二／著　PHP研究所）

『かけっこが速くなる！　逆あがりができる！』
（下山真二／監修　池田書店）

著者紹介

下山真二（しもやま しんじ）

1958年岡山県津山市生まれ。東京学芸大学教育学部保健体育科卒業。現在、東京都町田市立本町田小学校教諭。少林寺拳法東京羽田道院副道院長。少林寺拳法准範士六段。日本最大の教育研究団体TOSS（教育技術法則化運動）に参加し、「スーパーとびなわ」「鉄棒くるりんベルト」などの体育教具を開発する。苦手体育克服研究会代表。著書に『小学校の「苦手な体育」を1週間で攻略する本』（PHP研究所）、『アッというまにさかあがりができたよ』（河出書房新社）、『子どものための護身術』（高橋書店）、『体育の教科書』（山と溪谷社）、『新しい体育の教え方 練習プログラム100』（洋泉社）、『逆あがり とびばこ マット運動がたった一言であっというまにできる！』（日東書院本社）、『さかあがり、とびばこがみるみるできるようになる魔法の道具』（毎日コミュニケーションズ）などがある。

■「TOSSランド」　http://www.tos-land.net/

教育技術の普及運動を進める団体TOSSのサイトです。体育をはじめ、さまざまな教科の指導方法を学ぶことができます。

■「スーパーとびなわ」問い合わせ先／東京教育技術研究所
　　　　　　　　　　　　　　　　TEL：03-3787-6564
　　　　　　　　　　　　　　　　http://www.tiotoss.jp/

編集／株式会社　童夢
デザイン／石川六七八　広瀬麻理（クリエイティブ サテライト）
撮影／糸井康友
イラスト／タカクボジュン　しんざきゆき

2006年 2月28日　初版第1刷発行
2012年 4月 3日　　　第6刷発行

著　者／下山真二
発行者／鈴木雄善
発行所／鈴木出版株式会社
　　　　〒113-0021　東京都文京区本駒込6-4-21
　　　　電話　　　　03-3945-6611
　　　　ファックス　03-3945-6616
　　　　振替　　　　00110-0-34090
　　　　ホームページ　http://www.suzuki-syuppan.co.jp/
印　刷／株式会社サンニチ印刷

ISBN978-4-7902-3171-4 C8375　©Shinji Shimoyama, 2006
Published by Suzuki Publishing Co., Ltd.
Printed in Japan

乱丁・落丁は送料小社負担でお取り替えいたします